Inhalt

Stellenabbau und Standortverlagerungen - Heimatstandorte der westlichen Automobilindustrie zunehmend gefährdet?

Kernthesen

Beitrag

Fallbeispiele

Zahlen und Fakten

Weiterführende Literatur

Impressum

Stellenabbau und Standortverlagerungen - Heimatstandorte der westlichen Automobilindustrie zunehmend gefährdet?

Autor GENIOS BranchenWissen: T.Eismann

Kernthesen

- Massenentlassungen in den Heimatländern der Automobilbranche konfrontieren Wirtschaft, Anleger und Verbraucher und allein in der deutschen Automobilbranche sind bis zu 250 000 Jobs gefährdet. (10)
- Ein Hauptgrund für den fortschreitenden Personalabbau liegt in den weltweiten

Überkapazitäten, die jetzt vor allem in den teuren Automobilstandorten des Westens zu Kürzungen führen. (9)
- Neben zunehmender Konkurrenz führt rigoroses Kostenmanagement zur Strategie der Standortverlagerung. (6)
- Der Job- und Kapazitätsabbau in den westlichen Autofabriken wird durch neue Produktionsstätten in China, Indien und Osteuropa kompensiert. (1)

Beitrag

Europäische und amerikanische Automobilunternehmen (Hersteller und Zulieferer) bauen kontinuierlich ihre Mannschaften in den Heimatstandorten im Westen ab und streichen oder verlagern ihre Kapazitäten zielstrebig an attraktivere Standorte.

Stellenabbau auf breiter Front und Aufbau neuer Standorte

Automobilhersteller und zulieferer streichen Stellen. Dabei ist es unbedeutend, ob das "arbeitsplatzvernichtende" Unternehmen derzeit noch hohe Gewinne schreibt oder aber schon in der Verlustzone steckt. So baut z.B. das Unternehmen General Motors (GM), das tief in den roten Zahlen steckt, massiv Personal und Kapazitäten ab, Continental als Zulieferer will trotz hoher Gewinne Arbeitsplätze im Heimatmarkt Deutschland abbauen und verlagert zunehmend Kapazitäten nach Osteuropa oder Fernost (hier ganz voran: China). (2)

Der Jobabbau zieht sich über ganz Westeuropa und hat auch Deutschland erreicht: Opel und auch andere Automobilhersteller müssen ihre Produktion nach dem Prinzip Lean Production ausrichten und die Kosten deutlich senken, um konkurrenzfähige Automobile herstellen zu können General Motors (GM) streicht in Europa 12 000 Stellen, 10 000 Stellen sollen davon allein bei Opel wegfallen. (4) Ford will in Köln 1 200 Stellen streichen, DaimlerChrysler kürzt 8 500 Stellen in Sindelfingen, Untertürkheim und Bremen und 6 000 in der Zentrale. Bei VW sind in Europa rund 14 000 Stellen betroffen. Und auch Fiat hat angekündigt, 7 500 Stellen zu streichen.(3), (11), (12)

Im Jahr 2005 wurden insgesamt rund 767 000 Mitarbeiter in der deutschen Automobilbranche beschäftigt, das sind 6 000 weniger als 2004. Der Höhepunkt der Beschäftigung ist laut Branchenexperten überschritten. Hinzu kommt der

Fakt, dass in Deutschland die automobile Arbeitsstunde 27 Euro kostet, während in Osteuropa für unter 10 Euro Autos gefertigt werden. Dabei ist anzuführen, dass die Personalkosten in der Autobranche 15 bis 16% der Gesamtkosten ausmachen, die Materialkosten rund 60 bis 70%. (8)

In Osteuropa ist bereits ein neues Automobilmekka entstanden: In einem 300-km-Radius um Bratislava. In den neuen EU-Staaten und Rumänien sollen mehr als 3 Mio. Fahrzeuge im Jahr 2008 gebaut werden, das wären dann rund 5% der Weltfahrzeugproduktion pro Jahr. Automobilhersteller konzentrieren sich in Tschechien, der Slowakei sowie Ungarn und Rumänien hier sollen in den nächsten Jahren weitere Hersteller dazu kommen und die Produktion deutlich erhöht werden. [Abb.2]
Zum Vergleich: In gleichen Radius um Detroit der Wiege der automobilen Massenproduktion - werden 3,5 bis 4 Mio. Autos pro Jahr gebaut. (1), (6)

Die Automobilproduktion für die Wachstumsmärkte China und Indien wird von den Automobilunternehmen derzeit in diesen Staaten auf- bzw. ausgebaut. Hier ist jedoch für europäische Automobilarbeiter noch von Vorteil, dass die Entfernung zu Europa sehr weit ist und die Produktion primär die lokalen Märkte bedient. Doch vor allem Zulieferer nutzen schon jetzt die deutlich geringeren Lohnstückkosten, um leicht zu transportierende Zuliefer- und Ersatzteile für die Märkte in Europa und Amerika zu produzieren. Bosch zum Beispiel hat bereits rund 17 000 Mitarbeiter in Osteuropa, das sind bereits sieben Prozent der weltweiten Belegschaft. (13)

Die grundsätzliche Strategie scheint festzustehen: Kosten senken und näher an die Automobilmärkte der Zukunft heran mit eigenen Produktionskapazitäten.

Gründe für die Jobkrise der Automobilindustrie

In Osteuropa um Bratislava liegen die Lohnkosten bei 60% des Westniveaus. Eine Anpassung auf Westniveau wird noch ca. 10 bis 15 Jahre dauern. (1) Die osteuropäischen Standorte sind damit die größte Gefahr für deutsche Arbeitsplätze, da die Nähe zu den großen westeuropäischen Automärkten diese Niedriglohnstandorte zu einer ernsthaften Konkurrenz macht Logistikkosten sind meist zu vernachlässigen. (6)

Daneben drängen neue Automobilhersteller (z.B. aus China und Korea) auf den Markt, die zu günstigen

Preisen anbieten und damit den etablierten Unternehmen Konkurrenz machen. Die Marktanteile der Platzhirschen geraten dabei unter Druck und ein Absatzrückgang ist die Konsequenz. So haben Ford, GM und Chrysler sowie Opel, Ford und VW in einigen Märkten bereits deutlich Marktanteilsverluste erfahren. Hohe Preise lassen sich im starken Wettbewerb nicht durchsetzen, so dass schließlich an der Kostenschraube gedreht wird.

Die hohen Materialkosten und Nebenkosten (der Stahlpreis und die Energiekosten sind 2005 deutlich gestiegen) bauen zusätzlichen Kostendruck auf.

Der Wettbewerb um Industrieansiedlungen wird auch über die Politik und die jeweiligen Rahmenbedingungen für Industriestandorte geführt. So wurden in Tschechien, der Slowakei und Rumänien Unternehmen mit sehr günstigen Steuersätzen gelockt. (1), (9) Deshalb haben sich bereits etliche Zulieferer aus dem Westen in Rumänien angesiedelt. [Abb.1]

Überkapazitäten und Preisdruck führen zu Restrukturierungsdruck, der zum Teil ebenfalls im Arbeitsplatzabbau mündet.

Was ist für die nächsten Jahre zu

erwarten?

Der Anteil der osteuropäischen Beschäftigten wird bei Automobilproduzenten und zulieferern in den nächsten Jahren weiter zunehmen. Im Gegenzug werden in Westeuropa immer mehr Stellen der Migration gen Osten zum Opfer fallen. (6)

Dabei werden auch hochwertige Arbeitsplätze kontinuierlich abgebaut und anderswo aufgebaut China und Indien werden damit zur ernsthaften Konkurrenz für deutsche Ingenieurskunst. Schon heute verschieben Unternehmen ihre IT-Bereiche nach Indien, wo die Softwareentwicklung weitaus günstiger als in Europa ist. Dieses Schicksal kann auch Automobilunternehmen treffen, die mit lokalem Personal gleichzeitig näher an die Bedürfnisse der Wachstumsmärkte heranrücken.

Kurz- und mittelfristig ist mit einer weiteren kostengetriebenen Verlagerung von Arbeitsplätzen zu rechnen. So sehen Experten in Deutschland in der Automobilbranche rund 250 000 Stellen oder 1/3 aller Stellen in Gefahr. (10)

Fazit

Weiterer Arbeitsplatzabbau an den Heimatstandorten der westlichen Automobilindustrie wird nicht aufzuhalten sein. Auch Deutschlands Attraktivität als Produktionsstandort wird weiter abnehmen. Ihre Wettbewerbsfähigkeit können deutsche Hersteller wohl nur im High-Tech-Bereich behaupten. Nur Unternehmen, die eine konsequente Hochpreisstrategie (Premium-Strategie) verfolgen, haben Aussicht sich mit deutschen Standorten im internationalen Wettbewerb zu behaupten. Die deutsche Automobilindustrie kann über flexible Arbeitszeit- und Lohnmodelle einen Teil des Lohnkostennachteils ausgleichen, aber ganz wird die Migration in Billiglohnländer kurzfristig nicht aufzuhalten sein.

Von Kritikern wird dennoch angeführt, dass viele Automobilbosse ihre gesellschaftspolitische Verantwortung nicht mehr wahrnehmen und Renditedenken die Wirtschaft bestimmt. Es bleibt daher zu hoffen, dass sich auch nachhaltige Strategien durchsetzen, wie sie beispielsweise die Automobilbauer Porsche oder BMW seit Jahren pflegen. Dafür wurde an BMW auch der Ludwig-Erhard-Preis für eine nachhaltige Unternehmensstrategie verliehen, durch den die Zufriedenheit von Mitarbeitern und Kunden, soziale Verantwortung und schonender Umgang mit Ressourcen gewürdigt wurden. (7) BMW hat zuletzt in Leipzig ein neues Werk mit 2 500 direkten Arbeitsplätzen für 1,3 Mrd. Euro errichtet und somit gezeigt, dass sich auch noch Investitionen in Deutschland lohnen ein flexibles Arbeitszeit- und Lohnmodell hat sich gegen ausländische Standortkonkurrenz durchsetzen können. (9)

Fallbeispiele

Ford streicht 30 000 Stellen

Der Automobilriese Ford will zwischen 25 000 und 30 000 Stellen streichen und bis 2012 14 Werke in Nordamerika schließen. Dabei werden auch 4 000 Angestellte ihren Job verlieren. Ford verliert seit zehn Jahren Marktanteile in den USA, was durch die große ausländische Konkurrenz ausgelöst wurde. Im Jahr 2005 lag der Gewinn bei 2 Mrd. Dollar, die primär durch die Finanzsparte erzielt wurden. Im Kerngeschäft Automobil wurden Verluste geschrieben. So lag der Verlust in Nordamerika allein bei rund 1,6 Mrd. Dollar.
Bis 2008 will Ford wieder Gewinne erzielen. Grund für die Marktanteilsverluste ist auch eine verfehlte

Modellpolitik. (3), (12)

DaimlerChrysler baut Mitarbeiter in der Verwaltung ab

DaimlerChrysler will innerhalb der nächsten drei Jahre 20% der Mitarbeiter in der Verwaltung und 30% auf der Management-Ebene abbauen. Insgesamt sollen 6 000 Stellen wegfallen. Doppelbesetzungen auf Konzernebene und operativer Ebene sollen entfallen. Die Einsparungen soll bei 1,5 Mrd. Euro p.a. liegen. Die Gesamtkosten für die Umstrukturierungen liegen bei 2 Mrd. Euro. (5), (11)

Continental streicht Stellen trotz hoher Gewinne

Continental wird ein Reifenwerk in Hannover-Stücken nach schwierigen Verhandlungen nun erst Ende 2007 schließen. 320 Mitarbeiter sollen dabei sozialverträglich abgebaut werden. Betriebsbedingte Kündigungen sollen ausbleiben.
Nun will Continental auch über das Werk in Stöcken mit 3 300 Mitarbeitern mit der Gewerkschaft

sprechen. Künftig soll Nordamerika stärker von Brasilien aus bedient werden. Die Strategie der Verlagerung von Produktion an Billigstandorte ist bei Continental ein wichtiger Eckpfeiler für hohe Gewinne, die auch im Jahr 2005 wieder anstiegen. 2006 sind weitere Umsatz- und Ertragssteigerungen geplant. (2)

Zahlen & Fakten

Bedeutende Zulieferer in Rumänien

Unternehmen	Ort	Produkt
ACI	Pitesti	Metallverarbeitung
Autoliv	Brasov	Rückhaltesystem
Bega-Tehnomet	Timisoara	Bowdenzüge
Bosal	Timisoara	Abgassysteme
Continental	Slatina	Stahlcord
Cortubi	Pitesti	Komponenten für Abgassysteme
Delphi	Satu Mare	Bremssysteme
Eybi International	Deta	Lenkradbelederung
Faurecia	Pitesti	Armaturenbretter, Kunststoffkomp., Türverkleidungen, Dachhimmel
Ficosa	Oradea	Rückspiegel, Außenspiegel
Inergy	Pitesti	Kraftstofftank
Johnson controls	Pitesti	Sitzsysteme
Koyo	Alexandria	Kugellager
Magnetto Wheels	Dragasami	Stahlfelgen
Metzeler	Pitesti	Karosseriedichtungen
Michelin	Foresti	Reifen
Pirelli	Slatina	Stahlcord
Spumotim	Timisoara	Komponenten Innenausstattung
Takata-Petri	Arad	Rückhaltesysteme, Lenkräder
UAMT	Oradea	Scheibenwischer, -waschanlagen, Anlasser
Valeo	Pitesti	Bordnetz, Heizung, Klima, Beleuchtung

Quelle: Eigene Recherchen, Gemeinschaftswerk

Entnommen aus: Automobil Produktion, Heft 12/2005, S. 27

Automobilproduktion in Tschechien und der Slowakei in 2005

Unternehmen	Produktion 2005 in Einheiten	Modelle
Toyota-Kolin	38.063	Citroën C1
Toyota-Kolin	37.583	Peugeot C1
Toyota-Kolin	41.490	Toyota Aygo
VW-Kvasiny	20.678	Skoda Roomster, Superb
VW-Mlada Boleslav	374.724	Skoda Fabia, Octavia, Compact SUV
VW Vrchlabi	77.098	Skoda Octavia
VW Bratislava	161.145	VW Golf, Polo, Touareg
VW Bratislava	5.219	Seat Ibiza

Quelle: CSM Worldwide

Entnommen aus: Automobil Produktion, Heft 12/2005, S. 20

Weiterführende Literatur

(1) Exklusiv-Interview mit Prof. Dr. Wilfried Sihn, TU Wien/IPA Fraunhofer - "Da wird oft blind verlagert" aus Automobil Produktion, Heft 12/2005, S. 22-24

(2) Continental prüft Standort Hannover
aus Süddeutsche Zeitung, 26.01.2006, Ausgabe
Deutschland, S. 26

(3) Ford schließt 14 Fabriken mit 30000 Arbeitsplätzen // Sanierungsprogramm vorgestellt/Derzeitige Auslastung der Fabriken unter 80 Prozent/Gewinn bei zwei Milliarden Dollar
aus Der Tagesspiegel Nr. 19083 VOM 24.01.2006 SEITE 015

(4) Situation bei Opel «verdammt ernst»
aus netzeitung.de vom 27.12.2005

(5) DaimlerChrysler streicht 6 000 Arbeitsplätze
aus MOTOR-INFORMATIONS-DIENST vom 24. Januar 2006

(6) Das neue Detroit im Osten
aus Automobil Produktion, Heft 12/2005, S. 18-20

(7) BMW erhält Ludwig-Erhard-Preis
aus MOTOR-INFORMATIONS-DIENST vom 15. November 2005

(8) REPORTAGE Stellenabbau Gewinne rauf, Leute raus Die große Wut
aus Auto Bild, 09.12.2005, Nr. 49, S. 18

(9) Aufholjagd gegen Billiglohnstandorte
aus Automobil Produktion, Heft 8/2005, S. 46-48

(10) "Deutschland bleibt Automobilstandort - aber ein

gerupfter"
aus VDI NR. 36 VOM 09.09.2005 SEITE 2

(11) Daimler-Chrysler streicht weitere 6000 Stellen
aus Frankfurter Allgemeine Zeitung, 25.01.2006, Nr. 21, S. 1

(12) Ford streicht 30 000 Stellen und schließt 14 Fabriken
aus Frankfurter Allgemeine Zeitung, 24.01.2006, Nr. 20, S. 11

(13) Low Cost kann kosten
aus Automobil Produktion, Heft 12/2005, S. 3

Impressum

Stellenabbau und Standortverlagerungen - Heimatstandorte der westlichen Automobilindustrie zunehmend gefährdet?

Bibliografische Information der deutschen Nationalbibliothek

Die Deutsche Nationalbibliothek verzeichnet diese Publikation in der deutschen Nationalbibliografie; detaillierte bibliografische Daten sind im Internet über http://dnb.d-nb.de abrufbar.

ISBN: 978-3-7379-1967-8

© 2015 GBI-Genios Deutsche Wirtschaftsdatenbank GmbH, Freischützstraße 96, 81927 München, www.genios.de

Alle Rechte vorbehalten. Dieses Werk ist einschließlich aller seiner Teile – z.B. Texte, Tabellen und Grafiken - urheberrechtlich geschützt. Jede Verwertung außerhalb der Grenzen des Urheberrechtsgesetzes bedarf der vorherigen

Zustimmung des Verlags. Dies gilt insbesondere auch für auszugsweise Nachdrucke, fotomechanische Vervielfältigungen (Fotokopie/Mikroskopie), Übersetzungen, Auswertungen durch Datenbanken oder ähnliche Einrichtungen und die Einspeicherung und Verarbeitung in elektronischen Systemen.